ZENCOLOR MEIN JAHR

52 Wochen zum
Ausmalen & Planen

Illustriert von Martina Floßdorf & Cordula Martens

Persönliche Daten

Name ____________________

Adresse ____________________

____

Festnetz ____________________

Mobil ____________________

E-Mail ____________________

Notfallkontakt ____________________

____

KALENDER

Auf den folgenden Seiten können Sie Ihren Kalender auf jedes mögliche Jahr anpassen:
Schreiben Sie einfach das entsprechende Datum in das freie Feld neben dem Wochentag.

Dezember Januar

Montag	Dienstag	Mittwoch	Donnerstag

Freitag	Samstag	Sonntag	Notizen

Januar

Montag

Dienstag

Mittwoch

Donnerstag

Freitag

Samstag

Sonntag

Notizen

Januar

Montag

Dienstag

Mittwoch

Donnerstag

Freitag

Samstag

Sonntag

Notizen

Januar

_ Montag

_ Dienstag

_ Mittwoch

_ Donnerstag

_ Freitag

_ Samstag

_ Sonntag

Notizen

Januar

__ Montag	__ Dienstag	__ Mittwoch	__ Donnerstag

__ Freitag	__ Samstag	__ Sonntag	Notizen

Januar Februar

_ Montag

_ Dienstag

_ Mittwoch

_ Donnerstag

_ Freitag

_ Samstag

_ Sonntag

Notizen

Februar

_ Montag

_ Dienstag

_ Mittwoch

_ Donnerstag

_ Freitag

_ Samstag

_ Sonntag

Notizen

Februar

__ Montag

__ Dienstag

__ Mittwoch

__ Donnerstag

__ Freitag

__ Samstag

__ Sonntag

Notizen

Februar

_ Montag

_ Dienstag

_ Mittwoch

_ Donnerstag

_ Freitag

_ Samstag

_ Sonntag

Notizen

Februar März

Montag	Dienstag	Mittwoch	Donnerstag

Freitag	Samstag	Sonntag	Notizen

März

Montag

Dienstag

Mittwoch

Donnerstag

Freitag

Samstag

Sonntag

Notizen

März

Montag

Dienstag

Mittwoch

Donnerstag

Freitag

Samstag

Sonntag

Notizen

März

_ Montag

_ Dienstag

_ Mittwoch

_ Donnerstag

_ Freitag

_ Samstag

_ Sonntag

Notizen

März April

_ Montag

_ Dienstag

_ Mittwoch

_ Donnerstag

_ Freitag

_ Samstag

_ Sonntag

Notizen

April

_ Montag

_ Dienstag

_ Mittwoch

_ Donnerstag

_ Freitag

_ Samstag

_ Sonntag

Notizen

April

__ Montag

__ Dienstag

__ Mittwoch

__ Donnerstag

__ Freitag

__ Samstag

__ Sonntag

Notizen

April

Montag

Dienstag

Mittwoch

Donnerstag

Freitag

Samstag

Sonntag

Notizen

April Mai

__ Montag	__ Dienstag	__ Mittwoch	__ Donnerstag

__ Freitag	__ Samstag	__ Sonntag	Notizen

Mai

Montag	Dienstag	Mittwoch	Donnerstag

Freitag	Samstag	Sonntag	Notizen

Mai

_ Montag

_ Dienstag

_ Mittwoch

_ Donnerstag

_ Freitag

_ Samstag

_ Sonntag

Notizen

Mai

_ Montag _ Dienstag _ Mittwoch _ Donnerstag

_ Freitag _ Samstag _ Sonntag Notizen

Mai

__ Montag

__ Dienstag

__ Mittwoch

__ Donnerstag

__ Freitag

__ Samstag

__ Sonntag

Notizen

Mai Juni

__ Montag	__ Dienstag	__ Mittwoch	__ Donnerstag

__ Freitag	__ Samstag	__ Sonntag	Notizen

Juni

__ Montag

__ Dienstag

__ Mittwoch

__ Donnerstag

__ Freitag

__ Samstag

__ Sonntag

Notizen

Juni

__ Montag

__ Dienstag

__ Mittwoch

__ Donnerstag

__ Freitag

__ Samstag

__ Sonntag

Notizen

Juni

Montag

Dienstag

Mittwoch

Donnerstag

Freitag

Samstag

Sonntag

Notizen

Juni Juli

_ Montag

_ Dienstag

_ Mittwoch

_ Donnerstag

_ Freitag

_ Samstag

_ Sonntag

Notizen

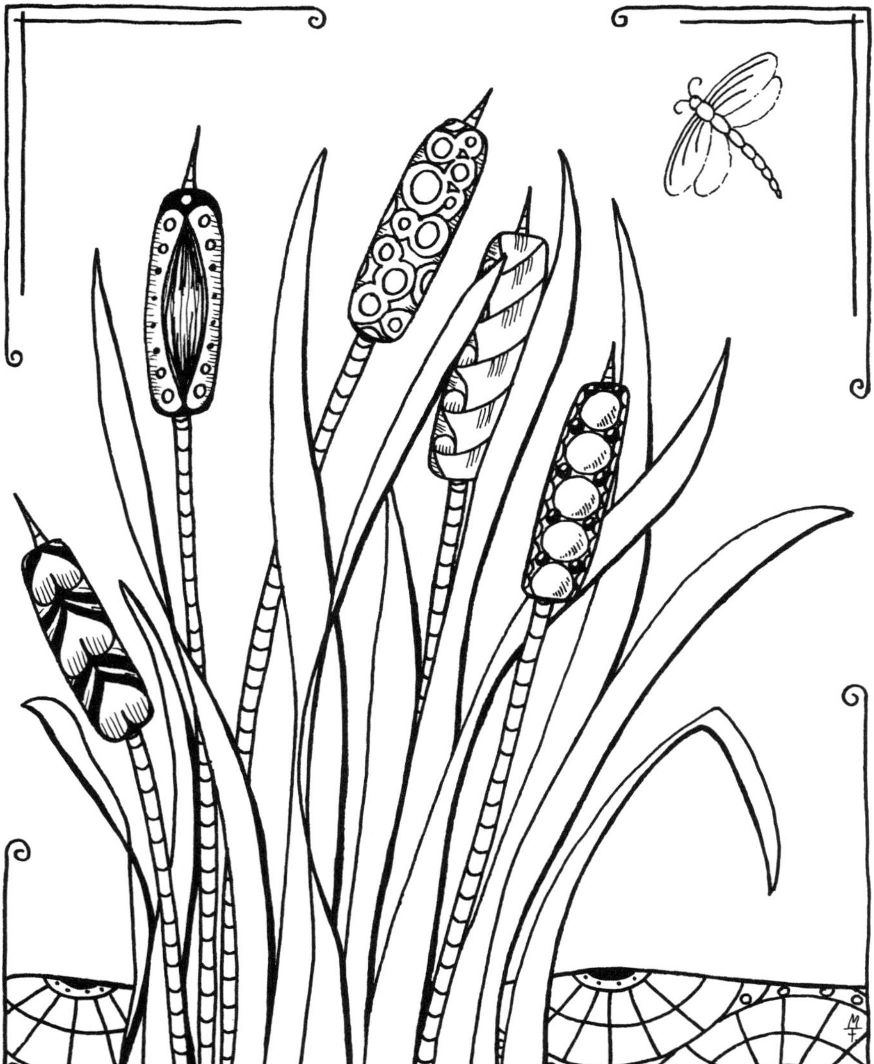

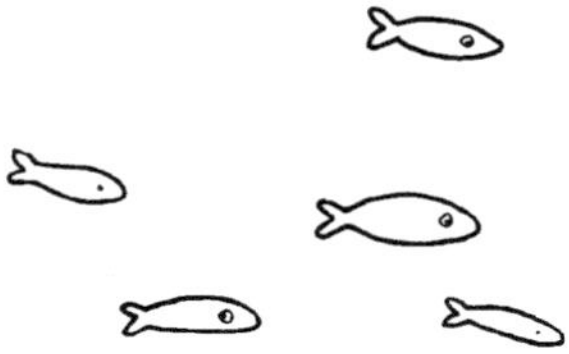

Juli

_ Montag

_ Dienstag

_ Mittwoch

_ Donnerstag

_ Freitag

_ Samstag

_ Sonntag

Notizen

Juli

__ Montag

__ Dienstag

__ Mittwoch

__ Donnerstag

__ Freitag

__ Samstag

__ Sonntag

Notizen

Juli

Montag

Dienstag

Mittwoch

Donnerstag

Freitag

Samstag

Sonntag

Notizen

Juli

__ Montag

__ Dienstag

__ Mittwoch

__ Donnerstag

__ Freitag

__ Samstag

__ Sonntag

Notizen

Juli August

Montag	Dienstag	Mittwoch	Donnerstag

Freitag	Samstag	Sonntag	Notizen

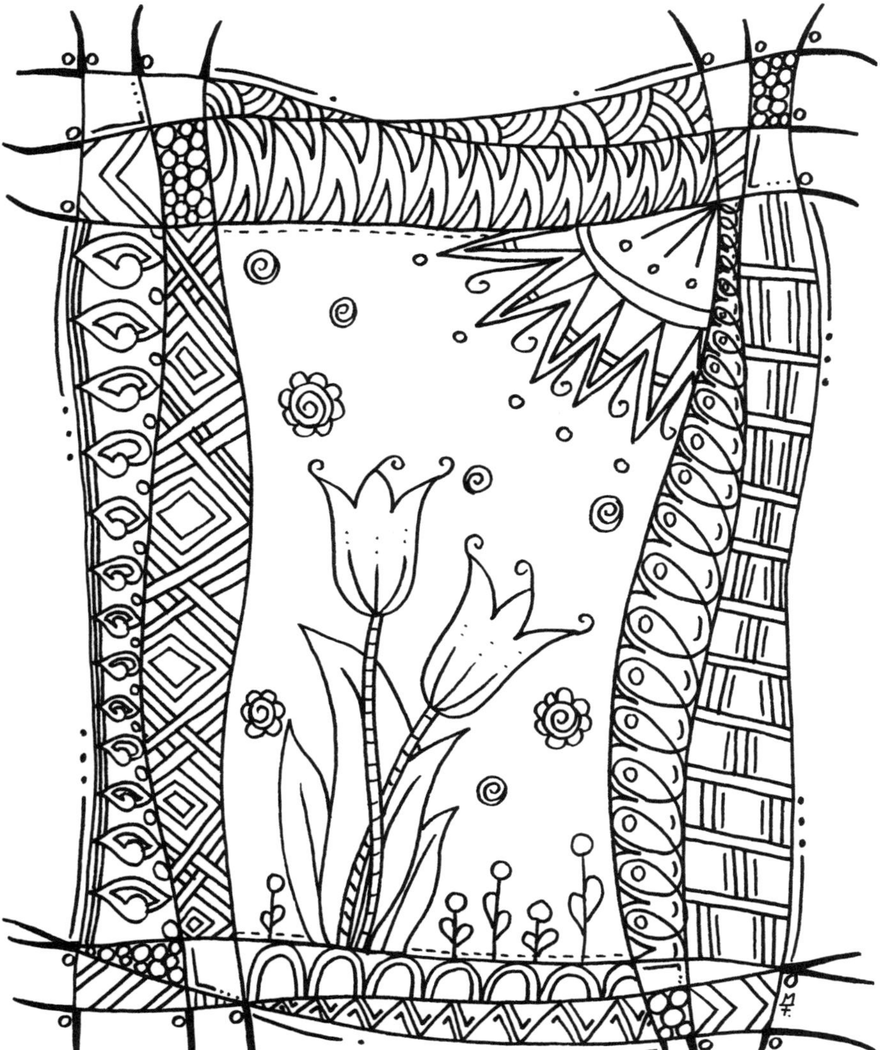

August

Montag

Dienstag

Mittwoch

Donnerstag

Freitag

Samstag

Sonntag

Notizen

August

_ Montag

_ Dienstag

_ Mittwoch

_ Donnerstag

_ Freitag

_ Samstag

_ Sonntag

Notizen

August

Montag	Dienstag	Mittwoch	Donnerstag

Freitag	Samstag	Sonntag	Notizen

August September

Montag	Dienstag	Mittwoch	Donnerstag

Freitag	Samstag	Sonntag	Notizen

September

_ Montag

_ Dienstag

_ Mittwoch

_ Donnerstag

_ Freitag

_ Samstag

_ Sonntag

Notizen

September

_ Montag

_ Dienstag

_ Mittwoch

_ Donnerstag

_ Freitag

_ Samstag

_ Sonntag

Notizen

September

Montag

Dienstag

Mittwoch

Donnerstag

Freitag

Samstag

Sonntag

Notizen

September Oktober

_ Montag
_ Dienstag
_ Mittwoch
_ Donnerstag

_ Freitag
_ Samstag
_ Sonntag
Notizen

Oktober

__ Montag	__ Dienstag	__ Mittwoch	__ Donnerstag

__ Freitag	__ Samstag	__ Sonntag	Notizen

Oktober

__ Montag

__ Dienstag

__ Mittwoch

__ Donnerstag

__ Freitag

__ Samstag

__ Sonntag

Notizen

Oktober

Montag

Dienstag

Mittwoch

Donnerstag

Freitag

Samstag

Sonntag

Notizen

Oktober

__ Montag	__ Dienstag	__ Mittwoch	__ Donnerstag

__ Freitag	__ Samstag	__ Sonntag	Notizen

Oktober November

Montag

Dienstag

Mittwoch

Donnerstag

Freitag

Samstag

Sonntag

Notizen

November

_ Montag

_ Dienstag

_ Mittwoch

_ Donnerstag

_ Freitag

_ Samstag

_ Sonntag

Notizen

November

Montag	Dienstag	Mittwoch	Donnerstag

Freitag	Samstag	Sonntag	Notizen

November

Montag

Dienstag

Mittwoch

Donnerstag

Freitag

Samstag

Sonntag

Notizen

November Dezember

Montag	Dienstag	Mittwoch	Donnerstag

Freitag	Samstag	Sonntag	Notizen

Dezember

__ Montag

__ Dienstag

__ Mittwoch

__ Donnerstag

__ Freitag

__ Samstag

__ Sonntag

Notizen

Dezember

__ Montag

__ Dienstag

__ Mittwoch

__ Donnerstag

__ Freitag

__ Samstag

__ Sonntag

Notizen

M
F.

Dezember

__ Montag

__ Dienstag

__ Mittwoch

__ Donnerstag

__ Freitag

__ Samstag

__ Sonntag

Notizen

Dezember Januar

Montag

Dienstag

Mittwoch

Donnerstag

Freitag

Samstag

Sonntag

Notizen

Jahresplaner

Januar	Februar	März	April	Mai	Juni
1	1	1	1	1	1
2	2	2	2	2	2
3	3	3	3	3	3
4	4	4	4	4	4
5	5	5	5	5	5
6	6	6	6	6	6
7	7	7	7	7	7
8	8	8	8	8	8
9	9	9	9	9	9
10	10	10	10	10	10
11	11	11	11	11	11
12	12	12	12	12	12
13	13	13	13	13	13
14	14	14	14	14	14
15	15	15	15	15	15
16	16	16	16	16	16
17	17	17	17	17	17
18	18	18	18	18	18
19	19	19	19	19	19
20	20	20	20	20	20
21	21	21	21	21	21
22	22	22	22	22	22
23	23	23	23	23	23
24	24	24	24	24	24
25	25	25	25	25	25
26	26	26	26	26	26
27	27	27	27	27	27
28	28	28	28	28	28
29	29	29	29	29	29
30		30	30	30	30
31		31		31	

Juli	August	September	Oktober	November	Dezember
1	1	1	1	1	1
2	2	2	2	2	2
3	3	3	3	3	3
4	4	4	4	4	4
5	5	5	5	5	5
6	6	6	6	6	6
7	7	7	7	7	7
8	8	8	8	8	8
9	9	9	9	9	9
10	10	10	10	10	10
11	11	11	11	11	11
12	12	12	12	12	12
13	13	13	13	13	13
14	14	14	14	14	14
15	15	15	15	15	15
16	16	16	16	16	16
17	17	17	17	17	17
18	18	18	18	18	18
19	19	19	19	19	19
20	20	20	20	20	20
21	21	21	21	21	21
22	22	22	22	22	22
23	23	23	23	23	23
24	24	24	24	24	24
25	25	25	25	25	25
26	26	26	26	26	26
27	27	27	27	27	27
28	28	28	28	28	28
29	29	29	29	29	29
30	30	30	30	30	30
31	31		31		31

Geburtstage

Januar

Februar

März

April

Mai

Juni

Juli

August

September

Oktober

November

Dezember

Notizen

OS Klangduo - Jörg Krell + Hilmar Hajek

Notizen

Notizen

Notizen

Notizen

Notizen

Impressum

ILLUSTRATIONEN: Martina Floßdorf (Cover, Seite 2, 7, 13, 17, 19, 23, 25, 29, 31, 33, 35, 41, 47, 51, 55, 59, 63, 65, 69, 73, 79, 81, 83, 85, 89, 97, 103, 107, 111), Cordula Martens (Cover, Seite 4, 9, 11, 15, 21, 27, 37 39, 43, 45, 49, 53, 57, 61, 67, 71, 75, 77, 87, 91, 93, 95, 99, 101, 105, 109)

PRODUKTMANAGEMENT: Julia Götzschel

DRUCK UND BINDUNG: Finidr s.r.o., Tschechische Republik

3. Auflage 2015

ISBN 978-3-7724-8203-8 • Best.-Nr. 8203

Sabine Meyer 0170/5253901 Schneider
Mo Di Do 14-17^{00} Fr 9^{00}-12^{00} + 14^{00}-16^{00}